»Ellie & Oleg – außer uns ist keiner hier« im Unterricht

INHALTSANGABE

u.1

Ellie und ihr Bruder Oleg freuen sich auf einen Tag ohne ihre Eltern und besonders ohne ihre kleine Schwester Lilac. Sie leben in einer Patchworkfamilie und sind gerade in ein kleines abgelegenes Haus auf dem Land gezogen, »Ausbau 1–3« genannt. Die Eltern wollen mit der kleinen Schwester Besorgungen in der Stadt machen. Ausnahmsweise dürfen die beiden älteren Geschwister allein zu Hause bleiben, denn Ellie hat ja ein Handy und es gibt auch noch die Nachbarin Edeltraut.

Als die Eltern abends nicht nach Hause kommen und Ellie sich bei ihnen melden möchte, findet sie ihr Handy nicht. Auch die Nachbarin Edeltraut ist nicht da. Nur ihre hungrige Katze Sissi, die sich den Kindern anschließt, treffen sie an. Jetzt müssen die Kinder ohne Erwachsene klarkommen, trotz Herdverbot und Pandemie – P genannt.

So machen sich die Kinder zu Fuß auf den Weg, um Hilfe zu holen. Sie fantasieren sich in die Prärie, um ihre Ängste und ihr Unwohlsein zu übertuschen.

Die Angst mündet immer wieder in Tränen – Ellie versucht sie zu unterdrücken. Oleg macht oft auf cool, aber dann tuschelt er wieder mit seinem Kuschelteddy, um einschlafen zu können. Und Ellie versteht zwar schon einiges von der Welt, aber die kryptischen Ansagen im Radio über den Lockdown und Probleme im nahegelegenen Umspannwerk verwirren sie. Beide Kinder wachsen über sich hinaus. Oleg pflegt seine Schwester, als sie hohes Fieber bekommt. Nach einigen Tagen gesellt sich noch ein Hund zu ihnen. Die Kinder nennen ihn Averell Dalton, denn Oleg liebt Lucky-Luke-Comics. Nachdem sie ein Gartenbuch gefunden haben, beginnen die Kinder im Sandkasten Kartoffeln anzupflanzen. Beim Umgraben entdecken sie Ellies Handy, das Lilac zum Spielen genutzt hat. Ellie und Oleg sind zunächst sauer auf Lilac, glücklich, weil sie ein Handy haben, und enttäuscht, weil es nicht mehr aufladbar ist.

Am Abend vor Olegs Geburtstag backt Ellie in der »Küchenmaschine« (dem alten Holzofen der Nachbarin) Muffins für Oleg. Es riecht stark nach Rauch und plötzlich wird Averell ganz unruhig. Die Kinder entdecken Licht am Abendhimmel und realisieren, dass es beim »Suffkopp«, dem anderen Nachbarn, brennt. Sie rennen los, um ihm zu helfen. Sie retten seine Hühner und auch den »Suffkopp«, indem sie ihn mit der Schubkarre aus dem brennenden Haus schieben.

In der Ferne hören sie das Martinshorn der Feuerwehr und sehen das Blaulicht. Die Kinder sind überglücklich, weil die Feuerwehrmänner ein funktionierendes mobiles Endgerät dabeihaben. Es dauert eine Weile, bis die Feuerwehr versteht, dass der »Suffkopp« (auch Bill Buffalo genannt) nicht ihr Vater und das abgebrannte Haus nicht ihr Zuhause ist und sie wirklich wochenlang auf sich allein gestellt waren. Sie dürfen mit dem Diensttelefon ihre Eltern anrufen. In einem aufwühlenden Telefongespräch erfahren alle, dass es allen Familienmitgliedern gutgeht und was passiert ist.

Am nächsten Tag kommt Mats (der große Bruder von Oleg) mit Lilac. Alle fallen sich in die Arme. Als Mats seinem Bruder Oleg zum Geburtstag gratuliert, bricht Ellie zusammen. Sie wollte doch Oleg als Erste gratulieren und hatte alles so toll geplant. Sie wollte einen Aprilscherz mit ihm machen: »Dieses Jahr keine Geschenke und keinen Kuchen!« Um ihn dann zum Geschenketisch zu führen, wo die Geschenke lagen, die sie im Schrank gefunden hatte. Nun weinen alle. Es gibt viel zu erzählen, als die Kinder mit Mats' Telefon mit ihren Eltern sprechen. Ellies Mutter hatte Covid und musste ins Krankenhaus. Auf dem Weg dorthin hatten sie einen Unfall und auch Ron, Olegs Vater, musste ins Krankhaus. Ellie und Oleg erklären, dass sie eigentlich fast immer zu Hause waren, nur nicht als die Polizei nach ihnen gucken sollte. Und dass sie nicht erreichbar waren, weil ihre »blöde« kleine Schwester das Handy versteckt hatte.

Sie erfahren, dass ihre Nachbarin bei ihrer Großnichte geblieben ist, weil diese Zwillinge bekommen hat und ihr Mann wegen P nicht nach Hause kommen konnte. Zum Schluss packt Oleg seine Geschenke aus. Im ersten Päckchen ist die Extended Version des Survival Kits, das zweite Päckchen enthält ein Escape-Room-Spiel, und als Oleg das dritte Päckchen öffnet, entdeckt er ein Handy mit einer Prepaid-Karte. Unglaublich – sie hatten die ganze Zeit ein funktionierendes Handy in ihrer Nähe gehabt. »Aber wir haben's auch so hingekriegt«, sagt Ellie, ihren kleinen Bruder umarmend.

U.2 DIDAKTISCHES PROFIL DES ROMANS

Wie jeder andere Unterricht auch muss die Behandlung eines Kinderromans einerseits an die Lernvoraussetzungen der Schüler:innen anknüpfen und damit assimilative Aspekte bieten, andererseits auch zusätzliche Anforderungen an das Verstehen stellen. Das didaktische Potenzial des Romans als Unterrichtslektüre liegt damit in der Verknüpfung von vertrauten, assimilativen und eher neuen, akkommodativen Aspekten*. Vertraute Charakteristika des Textes sorgen dafür, dass die Schüler:innen von sich aus einen Zugang zum Text finden können und dass Anknüpfungsmöglichkeiten für eine eigene Textdeutung vorhanden sind (Assimilation). Dieser Aspekt betrifft das lesefördernde Potenzial. Neue, zusätzliche Anforderungen, die der Text an ein Verstehen der Schüler:innen stellt, betreffen eher den Bereich des literarischen Lernens. Im Überblick lässt sich das didaktische Profil von »Ellie & Oleg – außer uns ist keiner hier« folgendermaßen darstellen:

* Vgl. Rank, Bernhard (2005): Leseförderung und literarisches Lernen. In: Lernchancen, 8. Jg., Heft 44, S. 4–9.

Dimension des Textes	Das Vertraute: Möglichkeit zur Assimilation (Leseförderung)	Das Neue: Notwendigkeit zur Akkommodation (literarisches Lernen)
Wirklichkeitsbezug	▶ Protagonistin im Alter der Leser:innen ▶ Corona-Zeit wurde real erlebt	▶ Corona-Zeit ist jüngeren Kindern möglicherweise nicht mehr präsent
Thematik	▶ Patchworkfamilie, Geschwister ▶ Abenteuer ▶ Zusammenhalten ▶ Mut	▶ Kinder müssen ohne Erwachsene zurechtkommen ▶ Ohne moderne Kommunikationstechnologie auskommen ▶ Wilder Westen
Figuren	▶ Identifikationsangebote für Mädchen und Jungen	▶ Abwesende Eltern
Sprache/Stil	▶ Dialoge ▶ Kurze Sätze ▶ Wortschöpfungen der Kinder	▶ Unterschiedliche Textsorten ▶ Schimpfwörter
Literarische Formelemente/ Erzählkonzept	▶ Kapitelgliederung ▶ Happy End ▶ Ich-Erzählerin	▶ Erzählzeit Präsens

Die Übersicht verdeutlicht die gelungene Mischung aus leseförderndem Potenzial und Notwendigkeiten zur Akkommodation bestehender Verstehensschemata. Besonders geeignet ist der Roman für die Klassen 5 und 6. Seine Stärke als Unterrichtslektüre liegt in den vielfältigen Identifikationsangeboten für Mädchen und Jungen sowie in der Verknüpfung von äußerer und innerer Handlung.

»Ellie & Oleg – außer uns ist keiner hier« im Unterricht © Beltz Verlag · Weinheim und Basel

LITERARISCHES PROFIL DES ROMANS

Erzählweise

Der Roman schildert den Zeitraum von etwa zwei Wochen im März zur Zeit des Lockdowns während der Corona-Pandemie, genannt P (20.2.–1.4.2022). Die Schulen wurden gerade geschlossen und es herrscht Ausgangssperre.

Erzählt wird das Geschehen linear in der 1. Person im Präsens aus der Perspektive von Ellie. Vorangestellt ist ein Fahndungsaufruf der Polizei, in dem die Geschwister Ellie und Oleg gesucht werden. Der Epilog enthält einen Auszug aus Ellies Handynachrichten vom 20. bis zum 30.3., die sie nicht erhalten hat, weil ihr Handy verschwunden war.

Dem schließen sich ein Auszug aus »Olegs und Ellies einzig wahrem Survivalbuch für Kinder« sowie ein Übersichtsplan der Siedlung »Ausbau 1–3« an.

Hauptschauplatz des Romans ist die kleine Siedlung in Brandenburg in der Nähe der polnischen Grenze, in der die Familie seit nicht allzu langer Zeit nach dem Umzug aus Berlin wohnt.

Die 233 Seiten sind in 30 überschaubare Kapitel untergliedert, die jeweils mit einer Überschrift versehen sind.

Figuren

Im Mittelpunkt der Geschichte stehen die 12-jährige **Ellie** Pöpke und ihr 8-jähriger Stiefbruder **Oleg** Lehmann. Im Fahndungsaufruf der Polizei wird das Aussehen der beiden zu Beginn der Geschichte (S. 6/7) genau beschrieben.

Ellies Mutter, genannt **Mommi**, ihr neuer Partner **Ron** und ihr gemeinsames fast zweijähriges Kind **Lilac** sind nach Berlin gefahren, um einiges aus ihrer alten Wohnung zu holen und **Mats**, Olegs 17-jährigen Bruder, mitzubringen. Geplant war nur eine Tagesfahrt. Doch durch die Ausgangssperre und eine Corona-Erkrankung der Eltern mit schwerem Verlauf werden daraus fast zwei Wochen.

Ellie war früher Einzelkind einer alleinerziehenden Mutter und hat es genossen, viel Zeit mit ihrer Mutter zu verbringen und deren volle Aufmerksamkeit zu haben. Seit der Geburt von Lilac ist die Mutter oft müde und gereizt und hat wenig Zeit und Geduld für Ellie. Ellie ist auch ein wenig eifersüchtig auf die kleine Halbschwester, die jetzt die volle Aufmerksamkeit der Mutter auf sich zieht. Ihre neuen Stiefgeschwister findet sie o.k.: Mats ist cool, mit Oleg vereint sie zu Beginn der Geschichte nur, dass sie beide Lilac nervig finden. Im Lauf der Erzählung wachsen die beiden jedoch zusammen und sorgen füreinander. Zuerst ist Ellie als Ältere die, die Dinge organisiert und versucht, Oleg emotional Halt zu geben. Doch als sie krank wird, übernimmt Oleg ihre Pflege und damit die Verantwortung für sie beide.

Die beiden Kinder unterscheidet außerdem ihre Hautfarbe: Ellie und ihre Mutter sind schwarz, Oleg, Ron und Mats weiß. Doch diese Tatsache wird nur zu Beginn der Erzählung erwähnt und spielt im weiteren Verlauf keine Rolle mehr.

Die Nachbarin **Edeltraut**, eine ältere Dame, die sie auch Trauti nennen, ist wie die Eltern nicht vom Einkauf zurückgekehrt. Ihre Katze Sissi leistet den Kindern Gesellschaft. Außerdem halten sich die Kinder viel in ihrem Haus auf und greifen später auch auf ihre Vorräte zurück, als ihre eigenen zur Neige gehen. Im Epilog erfahren die Leser:innen, dass Trauti bei ihrer Großnichte in Polen zu Besuch war, als die Grenzen geschlossen wurden. So konnte sie nicht zurückkehren.

Ein weiterer Nachbar ist der **»Suffkopp«**. Der verwahrloste Alkoholiker lebt auf einem Hof in der Nähe allein mit seinen Hühnern und ist eher menschenscheu. Auf dem Briefkastenschild nennt er sich »Bill Buffalo«. Im Austausch gegen Alkohol ist er bereit, den Kindern Eier zu geben. Er scheint jedoch nicht zu realisieren, dass die Kinder allein sind.

Am Ende der Geschichte kommen Feuerwehrleute und zwei Sanitäter auf den Hof und stellen den Kontakt zur Außenwelt wieder her. Sie sind ungläubig und entsetzt, dass die beiden Kinder so lange auf sich allein gestellt waren.

Themen und Motive

Ein zentrales Thema des Romans ist die **Freundschaft** zwischen Ellie und Oleg. Trotz ihrer Unterschiedlichkeit lernen sie, einander zu vertrauen und zusammenzuarbeiten. Ihre Beziehung zeigt, wie wichtig Freundschaft und **Zusammenhalt** in schwierigen Zeiten sind.

Die Erlebnisse der beiden Protagonisten sind geprägt von Abenteuerlust und der Entdeckung neuer Welten. Die Herausforderungen, denen die Kinder sich stellen müssen, dienen als Katalysator für ihre persönliche Entwicklung.

Ellie und Oleg erleben zahlreiche Herausforderungen, die ihren Mut und ihre Fantasie auf die Probe stellen. Durch ihre Abenteuer lernen sie viel über sich selbst und entwickeln ein stärkeres Selbstbewusstsein.

Ellie und der vier Jahre jüngere Oleg sind Stiefgeschwister. Sie leben in einer **Patchworkfamilie.** Ellie hat gute Erinnerungen an ihre Zeit, in der sie allein mit Mommi war. Doch sie scheint den neuen Partner ihrer Mutter und dessen Söhne zu mögen und zu akzeptieren. Nur die fast zweijährige Schwester Lilac finden die Kinder nervig. Als sie bemerken, dass Lilac für das Verschwinden des Handys verantwortlich war, sind sie sogar sehr ärgerlich auf sie. Erst am Ende der Geschichte reflektiert Ellie: »Weil Oleg und ich uns so gar nicht ähnlich sehen, ist Lilac der Beweis, dass wir zusammengehören! Sie ist das fehlende Teil in unserem Familienpuzzle, weil sie meine Grübchen hat und Olegs blondes Haar.« (S. 216)

Zu Beginn freuen sich die Kinder über ihre Freiheit. Sie machen es sich mit Comics gemütlich, spielen, essen mehr Nudeln, als es die Mutter erlauben würde, usw. Doch im Lauf der Zeit wird ihnen ihre Einsamkeit immer stärker bewusst. Die Nachbarin ist auch nicht zurückgekommen, es gibt kein Festnetztelefon, sie können die Heizung nicht bedienen. Anfangs halten sich die Kinder noch an die gewohnten Regeln, wie das »Herdverbot«, das die Mutter Ellie erteilt hat.

Am zweiten Abend bekennt Oleg, Angst zu haben. Ellie fürchtet sich auch, will es aber Oleg gegenüber nicht zugeben. Die Kinder schwanken immer wieder zwischen **Angst und Unsicherheit** und vergessen dann wieder ihre Situation und sehen das Positive, z. B. in der Badewanne: »Ich weiß nicht, ob ich es in meinem Leben jemals so gemütlich hatte.« (S. 66)

Sprache

Katja Ludwig verwendet eine klare und einfühlsame Sprache, die es den jungen Leser:innen ermöglicht, sich leicht mit den Charakteren zu identifizieren und in die Geschichte einzutauchen. Ihre Beschreibungen sind anschaulich und detailreich, wodurch die Schauplätze und Szenen bildhaft zum Leben erweckt werden. Die Dialoge sind realistisch und tragen wesentlich zur Charakterentwicklung bei. Zudem nutzt Ludwig symbolische Elemente, um tiefere Botschaften zu vermitteln, wie etwa die leeren Straßen als Metapher für das Gefühl der Isolation und Einsamkeit der Protagonisten.

Vergleiche und Metaphern illustrieren die Geschichte:

- »Wie ein Geist aus einer Zwischenwelt, in der wir
- als Doppelgänger existieren« (S. 47)
- »Wie Orks aus ›Herr der Ringe‹« (S. 65)
- »Als die letzten Sonnenstrahlen draußen nicht mehr bis an die Fensterbretter kamen, krochen langsam die muffigen Schatten hinter den alten Möbeln hervor.« (S. 29)

Ab und zu verwenden die Kinder Schimpfwörter, um ihrer Frustration Ausdruck zu verleihen.

- »Scheiß P« (S. 61)
- »warum ich mich plötzlich so scheiße fühle« (S. 141)
- »Ach du Scheiße« (S. 163)
- »Scheißhandy« (S. 185)

Bill Buffalo, der »Suffkopp« drückt sich besonders blumig aus:

- »Verpisst euch, ihr Scheißbullen!« (S. 81)
- verrecken (S. 81)
- verarschen (S. 81)

Außerdem gibt es einige umgangssprachliche Ausdrücke, die ggf. erklärt werden müssen, z. B.:

- ditschen (S. 60)
- Schweinebammeln (S. 83)
- Sofapupser (S. 84)

Nachrichten und einige Schilder sind in Amtssprache verfasst, die für die Kinder weitgehend unverständlich ist.

»Ellie & Oleg – außer uns ist keiner hier« im Unterricht © Beltz Verlag · Weinheim und Basel

DEUTUNGSPERSPEKTIVEN

u.4

»Ellie & Oleg – außer uns ist keiner hier« ist ein feinfühliger und fesselnder Kinderroman, der sowohl durch seine spannende Handlung als auch durch seine tiefgründigen Themen überzeugt. Katja Ludwig gelingt es, komplexe Emotionen und Situationen auf eine Weise darzustellen, die für Kinder verständlich und nachvollziehbar ist. Der Roman bietet nicht nur unterhaltsame Abenteuer, sondern auch wertvolle Lektionen über Freundschaft, Selbstfindung und die Überwindung von Ängsten.

Die Stiefgeschwister Ellie und Oleg werden in den fast zwei Wochen, in denen sie ohne Erwachsene und ohne Zugang zu Kommunikationsmitteln zurechtkommen müssen, vor viele Herausforderungen gestellt, auf die sie sich nicht gut vorbereitet fühlen. Mit Mut und Fantasie finden sie immer wieder Lösungen für Probleme wie den Mangel an Lebensmitteln bis zum Stromausfall. Ellie, die Ältere, übernimmt zu Beginn die Verantwortung und Führung. Sie ist stark und versucht, ihre eigene Angst zu vertuschen, wenn Oleg sich fürchtet. Als sie krank wird, muss Oleg für sie sorgen. Beide wachsen an den Herausforderungen. Am Ende der Geschichte retten sie sogar gemeinsam den alkoholkranken Nachbarn aus seinem brennenden Haus. Das Abenteuer schweißt die beiden zusammen. Dennoch sind sie dankbar, als sie wieder Kontakt zur Außenwelt und ihren Eltern und Geschwistern haben.

In ihrer schwierigen Situation schaffen es die Kinder immer wieder, auch Spaß zu haben und zu spielen. Man kann viel von ihnen lernen – kein Problem ist so schwierig, dass man es nicht lösen kann.

METHODENKISTE

u.5

Die folgende »Methodenkiste« ist als Ideensammlung zur Planung einer Unterrichtseinheit zum Roman »Ellie & Oleg – außer uns ist keiner hier« gedacht. Sie verbindet anzustrebende Kompetenzen im Deutschunterricht mit möglichen Textumgangsweisen in einem Unterricht zum Roman. Dabei beziehen wir uns auf die von der Kultusministerkonferenz (KMK) verabschiedeten »Bildungsstandards für das Fach Deutsch für den Mittleren Bildungsabschluss«, die die verbindliche Grundlage für alle in den Ländern zu entwickelnden Lehr- und Bildungspläne in der Sekundarstufe I darstellen.

In der rechten Spalte geben wir jeweils mögliche Beispiele für eine konkrete Umsetzung im Unterricht. Hier finden sich auch Verweise zu den Kopiervorlagen und Infoblättern in diesem Heft. Zahlreiche methodische Möglichkeiten sprechen mehrere Bildungsstandards an. Wir haben uns zum Zwecke der Übersichtlichkeit jeweils für einen Bildungsstandard des Bereiches 3.3 (»Lesen – mit Texten und Medien umgehen«) entschieden. Häufig lassen sich auch evidente Bezüge zu den Bildungsstandards der anderen Bereiche herstellen.

Darüber hinaus stehen die vorgeschlagenen Methoden in Verbindung mit einem fächerübergreifenden Ansatz (v.a. mit Gemeinschaftskunde/Sozialkunde, Ethik, Religion oder anderen Fächern), den Sie je nach Klassensituation, Vorwissen und Interessen der Schüler:innen modifizieren können.

Bildungsstandards	Methoden	Beispiele
→ Verschiedene Lesetechniken beherrschen		
• Über grundlegende Lesefertigkeiten verfügen: flüssig, sinnbezogen, überfliegend, selektiv, navigierend lesen	• Ein Kapitel bzw. eine besonders wichtige, lustige oder spannende Stelle vorlesen	• Ellie realisiert, dass das Handy nicht da ist (S. 18 ff.) • Begegnung der Kinder mit dem »Suffkopp« (S. 81 ff.)
	• Einen Textausschnitt mit verteilten Rollen lesen	• An der Brücke angelangt, erkennen die Kinder, dass es nicht weitergeht (S. 57 ff.) • Die Feuerwehr kommt, um das Feuer zu löschen, und es gibt ein Handy, um die Eltern anzurufen (S. 199 ff.) → **k.7, k.11**
	• Bestimmte Textinhalte auffinden	• Arbeit mit dem Zeilometer → **k.3, k.5, k.8** • Ellie findet Olegs Geschenke (S. 163 ff.)
	• Ein Kapitel oder einen Textabschnitt gestaltend vorlesen und aufnehmen	• Die Kinder legen eine Liste der Vorräte an (S. 70 ff.) • Oleg findet das Handy (S. 175 ff.) → **k.11**
→ Strategien zum Leseverstehen kennen und anwenden		
• Leseerwartungen und -erfahrungen bewusst nutzen	• Bezüge zur eigenen Lebenswirklichkeit herstellen	• Allein zuhause sein → **k.3** • Familienkonstellationen → **k.2** → **k.9**
	• Vorwissen aktivieren	• Corona-Pandemie → **k.4**
	• Beschreibung des Covers	• »Ellie & Oleg – außer uns ist keiner hier«: Einstieg ins Buch → **k.2**
	• Cluster oder Mindmap mit Assoziationen erstellen (Impulse durch Titel, Umschlagbild, Klappentext, Autorin); damit einhergehend eine Leseerwartung aufbauen, Vorwissen aktivieren, eine Lesemotivation formulieren	• »Ellie & Oleg – außer uns ist keiner hier«: Einstieg ins Buch → **k.2**
• Verfahren zur Textstrukturierung kennen und selbstständig anwenden	• Wesentliche Textstellen kennzeichnen	• Schlüsselwörter markieren
	• Den Text gliedern	• Ein Kapitel in Unterabschnitte gliedern • Eine Grobgliederung erstellen
	• Kapitel- bzw. Abschnittsüberschriften formulieren	• Alternative Überschriften zu einzelnen bzw. allen Kapiteln verfassen
	• Fragen aus dem Text ableiten	• Warum haben die Kinder sich eine Prärie vorgestellt? • Warum ist die Polizei nicht öfter gekommen, um die Kinder zu suchen?
• Verfahren zur Textaufnahme kennen und nutzen	• Texte und Textabschnitte stichwortartig zusammenfassen	• Alle Kapitel geeignet
	• Eine Inhaltsangabe mithilfe von Satzstreifen oder anderen Hilfsmitteln erstellen	• Lückentext • Der ganze Romaninhalt (ganzer Roman) → **k.13**
	• Eine wichtige Textstelle visualisieren	• Die Hauptfiguren → **k.3** • Eine Szene malen/zeichnen → **k.3, k.13**
	• Zu vorgegebenen Antworten Fragen verfassen	• Alle Kapitel geeignet
	• Fragen zum Text beantworten	→ **k.3, k.5, k.9, k.12**
	• Einen Lückentext bearbeiten	→ **k.6**
	• Stichwörter formulieren und damit ein Kapitel nacherzählen	• Alle Kapitel geeignet • Kapitelexpert:innen bestimmen, die ihr Kapitel mithilfe von Stichwörtern nacherzählen

»Ellie & Oleg – außer uns ist keiner hier« im Unterricht © Beltz Verlag · Weinheim und Basel

Bildungsstandards	Methoden	Beispiele
→ Literarische Texte verstehen und nutzen		
• Ein Spektrum altersangemessener Werke – auch Jugendliteratur – bedeutender Autorinnen und Autoren kennen	• Leben und Werk der Autorin kennenlernen	• Die Autorin Katja Ludwig → **i.1** • Interview → **i.2**
	• Thematisch verwandte Kinderromane kennenlernen	• Weiterführende Literaturhinweise → **i.5** • »Matti und Sami und die drei größten Fehler des Universums« (S. Naoura) • »Herr der Diebe« (C. Funke)
• Zentrale Inhalte erschließen	• Ein Unterrichtsgespräch zum Text anhand von Leitfragen führen	• Mit welchen Strategien werden Probleme gelöst?
	• Einsatz anderer Medien / inhaltlich entsprechend orientierter Zusatztexte zur Erarbeitung der Romanthemen	• Weiterführende Literaturhinweise → **i.5** • Filme, Hörfunkbeiträge, Zeitschriftenartikel und Internetquellen zu den Themen des Romans (z. B. Pandemie, Renaturierung)
• Wesentliche Elemente eines Textes erfassen, z. B. Figuren, Raum- und Zeitdarstellung, Konfliktverlauf	• Eine Figurenkonstellation / ein Soziogramm erarbeiten	• Figurenkonstellation → **i.4** • Grafische Umsetzung der Figurenkonstellation
	• Die Beziehung zwischen Figuren herausarbeiten	• Geschwisterbeziehungen
	• Figuren charakterisieren; relevante Textstellen mithilfe der Kapitelübersicht auffinden	• Eigenschaften der Hauptfiguren • Mindmap und Steckbrief zu den Hauptfiguren • Interview mit einer Hauptfigur
	• Ein Thema bzw. Motiv über den ganzen Roman hinweg verfolgen	• Problemlösestrategien
	• Den Konfliktverlauf zwischen Figuren grafisch bzw. verbal darstellen	• Geschwisterbeziehung • Mutter – Ellie
• Wesentliche Fachbegriffe zur Erschließung von Literatur kennen und anwenden	• Erzählperspektive identifizieren	• Aus wessen Sicht werden die einzelnen Kapitel erzählt? Woran kann man das erkennen?
	• Die Erzählperspektive wechseln: eine Textstelle aus anderer Perspektive erzählen	• Ellies Krankheit aus der Sicht von Oleg • Wiedersehen aus der Perspektive von Mats
• Sprachliche Gestaltungsmittel in ihren Wirkungszusammenhängen und in ihrer historischen Bedingtheit erkennen, z. B. Wort-, Satz- und Gedankenfiguren, Bildsprache (Metaphern)	• Den Spannungsverlauf untersuchen / eine Spannungskurve erstellen	• Spannungskurve zum gesamten Roman
	• Stilaspekte untersuchen	• Ungewöhnliche Wörter finden und erläutern und in einen neuen Kontext setzen
	• Einen inneren Monolog einer Figur verfassen	• Tagebucheintrag von Ellie
	• Leerstellen des Romans füllen	• Was erleben Mats, Mommi und Ron? • Was erlebt Trauti?
• Eigene Deutungen des Textes entwickeln, am Text belegen und sich mit anderen darüber verständigen	• Eine kontroverse Diskussion zu bestimmten Aspekten oder Figuren führen	• Hätten die Erwachsenen mehr tun können, um Kontakt mit den Kindern herzustellen?
	• Den Spannungs- bzw. Stimmungsbogen des Romans / eines Kapitels grafisch darstellen	• Stimmungskurve von Ellie • Stimmungskurve von Oleg
	• Eine Rezension zum Roman verfassen	• Rezensionen im Internet recherchieren • Eine eigene Rezension verfassen
• Analytische Methoden anwenden	• Den Inhalt eines Textabschnitts rekonstruieren und wiedergeben	• Alle Kapitel eignen sich
	• Eine gemeinsame Reflexion der Lektüre durchführen	• Feedback-Bogen → **k.14** • Bei einem Abschlussgespräch Einschätzungen und Bewertungen austauschen
• Produktive Methoden anwenden	• Ein eigenes Lesetagebuch bzw. einen Leseordner zum Roman führen	• Individuelle Einträge • Während bzw. nach der Lektüre ein eigenes Cover gestalten
	• Einen Comic oder eine Fotostory zu einem Kapitel des Romans erstellen	• Szene »Brand«, »Prärie«, »Geburtstagstisch« → **k.6**
	• Einen Steckbrief zu einer Figur erstellen	• Zum Beispiel Ellie, Oleg, »Suffkopp«

»Ellie & Oleg – außer uns ist keiner hier« im Unterricht © Beltz Verlag · Weinheim und Basel

Bildungsstandards	Methoden	Beispiele
• Produktive Methoden anwenden (Forts.)	• Ein fiktives Interview mit einer Figur führen	• Interviews mit den Figuren am Ende des Romans
	• Gedanken und Gefühle der Figuren imaginieren	• Was denkt Oleg? • Was denkt die Katze? • Wie fühlt sich Mommi?
	• Den Roman weiterdenken und -schreiben	• Wiedersehen mit Ron und Mommi
	• Eine Textstelle umschreiben	• Ellies Handy funktioniert, als sie es finden • Trauti kommt zurück
	• Standbilder prägnanter Szenen darstellen und erraten lassen	• Beim »Suffkopp« • Verloren in der Prärie • Ellie ist krank
	• Einen Brief an eine Figur verfassen	• An eine Hauptfigur am Ende des Romans • Ellie schreibt an eine Freundin
	• Zu einem Kapitel einen Tagebucheintrag verfassen	• Eine der Hauptfiguren am Ende des Romans → **k.11**
	• Eine Ich-Erzählung einer anderen Figur verfassen	• Oleg schildert die Zeit von Ellies Krankheit → **k.9**
	• Eine Reportage bzw. einen Zeitungsbericht über eine Textstelle verfassen	• Zeitungsbericht am Ende des Romans: »Kinder 2 Wochen alleine«, Brand auf Bauernhof → **k.11**
	• Einen Handlungsort oder eine Szene malen, zeichnen oder nachbauen	• Haus der Familie, »Suffkopps« Haus, Wartehäuschen → **k.3**
	• Ein Rätsel zu einem Kapitel oder zum Roman erstellen bzw. lösen	• Alle Kapitel geeignet
	• Ein Plakat bzw. eine Collage zum Buch erstellen	• Zum Beispiel zu den Hauptfiguren, zum Handlungsverlauf; Probleme und wie sie gelöst werden
	• Ein alternatives Titelbild erstellen	• Bildmaterial über Bildagenturen • Als Cover für das Lesetagebuch
• Handlungen, Verhaltensweisen und Verhaltensmotive bewerten	• Sympathie/Antipathie für die Figuren thematisieren	• Sympathiekurven zu Figuren erstellen • Figuren nach Sympathie ordnen
	• Zu den Romanfiguren Stellung beziehen, ihr Verhalten und Handeln bewerten und kommentieren	• War es richtig von den Erwachsenen, die Kinder allein zu lassen? • Warum verhält sich der »Suffkopp« so unsozial?
→ Medien verstehen und nutzen		
• Informationsmöglichkeiten nutzen	• Internet- und Buchrecherche zu Themen des Romans	• Corona-Pandemie, Berliner Umland, (Speckgürtel), Trabi, Renaturierung
• Medien zur Präsentation und ästhetischen Produktion nutzen	• PowerPoint-Präsentationen erarbeiten, vorstellen und reflektieren	• Zu einem der o.g. Themen
	• Kahoot-Quiz erstellen mit Fragen	• Fragen zum Roman, z.B. **k.9** oder **k.10**

»Ellie & Oleg – außer uns ist keiner hier« im Unterricht © Beltz Verlag · Weinheim und Basel

VORSCHLAG FÜR EINE UNTERRICHTSEINHEIT

Jede Unterrichtseinheit zu einem Kinder- oder Jugendroman nimmt sinnvollerweise Bezug auf die konkreten Lernvoraussetzungen Ihrer Schüler:innen, aber auch auf Ihre eigenen Erfahrungen und Planungsziele. Wir möchten Ihnen hier ein Grobraster für eine Unterrichtseinheit zu »Ellie & Oleg – außer uns ist keiner hier« vorstellen, das nach dem Grundsatz »erschließend, nicht erschöpfend« vorgeht. Die Einheit besteht, unterstützt durch die Infoblätter und Kopiervorlagen aus diesem Heft, aus vier unterschiedlichen Modulen:

- Modul A: Den Roman lesen und erarbeiten
- Modul B: Thematische Aspekte bearbeiten
- Modul C: Projektorientiert mit dem Roman arbeiten
- Modul D: Die Lektüre reflektieren

Empfehlenswert ist der Einsatz eines Lesetagebuchs bzw. Leseordners. Hier finden eigene Gedanken und Notizen, aber auch im Unterricht erarbeitete Aspekte Platz und können immer wieder nachgeschlagen werden. Somit ist eine Sicherung der Ergebnisse gewährleistet. Außerdem bietet ein Lesetagebuch bzw. Leseordner den Vorteil, dass sich die Schüler:innen je nach ihren Interessen darin vertiefen können. Zusätzlich können die Arbeitsblätter darin abgelegt werden, sodass nach und nach ein persönliches »Lektürebuch« entsteht, das am Ende der Einheit als Grundlage für die individuelle Reflexion und auch für die Bewertung von Schülerleistungen genutzt werden kann.

Einstiegssequenz
(2–4 Unterrichtsstunden)

- Gemeinsames Betrachten des Buchcovers, Vermutungen zu Titel und Titelbild anstellen
- Assoziationen zum Klappentext stichwortartig auf einem Plakat als Mindmap sammeln und in der Klasse aufhängen
- Erstellen eines Zeilometers (→ **k.1**)
- Ein Lesetagebuch oder einen Leseordner anlegen (Titelbild selbst gestalten, Anlegen eines Inhalts- und Figurenverzeichnisses, Informationen zur Autorin)
- Gemeinsames Lesen von Fahndungsmeldung und Kapitel 1. Anschließend Vermutungen zur Handlung anstellen

Modul A: Den Roman lesen und erarbeiten

- Lektüre der Erzählung teils häuslich (z. B. mit Notizen ins Lesetagebuch / in den Leseordner oder ins Deutschheft), teils im Unterricht (Vorlesen durch Lehrer:in und Schüler:innen, stille/ freie Lesephasen)
- Schwerpunktmäßige Bearbeitung des Romans mithilfe der Kopiervorlagen → **k.2–k.13**
- Weitere Anregungen aus der »Methodenkiste« in diesem Heft → **u.5**

Modul B: Thematische Aspekte bearbeiten

- Weiterführende Quellen und Materialien zum Beispiel zu den Themen »Corona-Pandemie« oder »Robinsonade« (auch im fächerübergreifenden Unterricht) nutzen
- Präsentation der Arbeitsergebnisse, z. B. durch Plakatvortrag, PowerPoint-Präsentation, Wandzeitung, Rollenspiel oder andere Formen

Modul C: Projektorientiert mit dem Roman arbeiten

- An unterschiedlichen, selbst gewählten Themen in Einzel-, Partner- bzw. Gruppenarbeit arbeiten
- Bearbeitung der Kopiervorlagen, die nicht in Modul A und B eingesetzt wurden
- Weitere Anregungen aus der »Methodenkiste« in diesem Heft → **u.5**
- Präsentation von Arbeitsergebnissen (s. o.)

Modul D: Die Lektüre reflektieren

- Präsentation von Arbeitsergebnissen aus den Lesetagebüchern bzw. Leseordnern
- Verfassen einer Rezension zum Roman (z. B. als Lernzielkontrolle)
- Abschließendes Gespräch über die subjektiven Leseeindrücke und Bewertungen der Schüler:innen anhand des Feedback-Bogens (→ **k.14**)

»Ellie & Oleg – außer uns ist keiner hier« im Unterricht © Beltz Verlag · Weinheim und Basel

Infoblätter

© privat

i.1 ZUR AUTORIN KATJA LUDWIG

Katja Ludwig lebt mittlerweile die längste Zeit ihres Lebens in Berlin und Brandenburg. Seit das Schreiben zunehmend ihren Alltag bestimmt, nutzt sie ihren ursprünglichen Beruf als Chirurgin nur noch zeitweise zum notwendigen Broterwerb. »Ellie & Oleg – außer uns ist keiner hier« ist ihr erstes Kinderbuch.

Werke

- **Das Mauerschweinchen.** München: cbj, 2019
- **Der Schwesternzauber.** München: cbj, 2021
- **Innerlich bin ich aus Lakritze.** Hamburg, WooW Books, 2023
- **Krank? Gesund? In deinem Körper geht's rund.** München: Penguin Junior, 2023

Auszeichnungen

2013 Förderpreis der Mitteldeutschen Medienförderung

2019 Eberhard-Preis für Kinder- und Jugendliteratur

2023 Nominierung für den Deutschen Jugendliteraturpreis für »Ellie & Oleg – außer uns ist keiner hier«

i.2 INTERVIEW MIT KATJA LUDWIG: »WAS WÄRE, WENN …«

Katja Ludwig über die Pandemie, ihre Gedankenexperimente und über das, was ihr beim Bücherschreiben wichtig ist

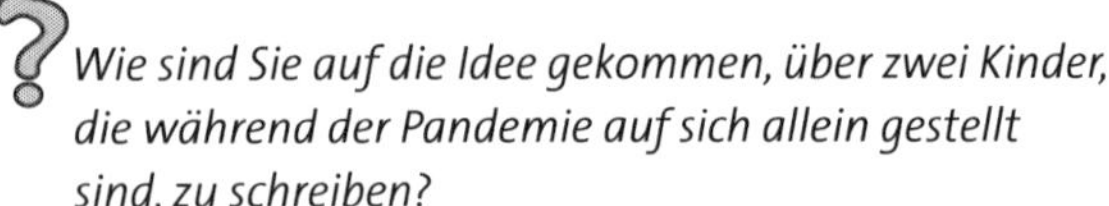

Wie sind Sie auf die Idee gekommen, über zwei Kinder, die während der Pandemie auf sich allein gestellt sind, zu schreiben?

Im Lockdown waren wir in unserem Häuschen draußen in Brandenburg. Da wohnen wir recht einsam, es gibt ein Nachbarhaus, auch mit Kindern. Wir haben uns damals zu einer kleinen Corona-Kommune zusammengeschlossen, außer mir waren alle anderen Erwachsenen im Homeoffice. Und die Kinder haben unseren »Ort«, sozusagen unser Zwei-Familien-Dorf, per demokratischer Abstimmung »Wilde Freiheit« genannt. Für die Kinder war es eine Bullerbü-Zeit. Ich musste zum Dienst in die Stadt pendeln, und da bot sich mir in der Klinik ein komplett anderes Bild. Auf einer meiner Fahrten habe ich dann überlegt, was wäre, wenn die Lage sich noch mehr verschärft und ich nicht mehr aufs Land zurückfahren kann? Was wäre, wenn auch die anderen Erwachsenen nicht da wären? Was würden die Kinder draußen allein machen?

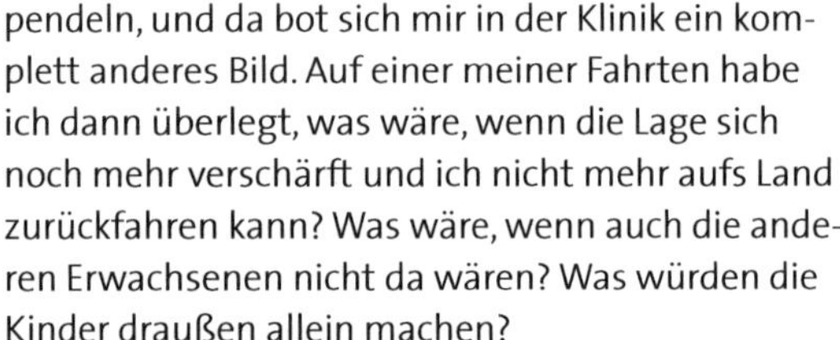

Ich wollte außerdem schon immer eine Robinsonade schreiben, die nicht auf einer exotischen Palmeninsel oder im tropischen Dschungel spielt, sondern ganz unspektakulär zu Hause, in der heimatlichen Pampa, jwd im endlos langen Graubereich zwischen Winter und Frühling.

Nun hatte ich mit so einer Pandemie eine plausible Kulisse und im nächsten Augenblick standen sie dann auch schon sozusagen mit gepackten Koffern vor mir: Ellie und Oleg.

Warum erzählt Ellie die Geschichte? Haben Sie auch eine andere Erzählperspektive erwogen?

Wie gesagt: Die beiden klingelten sozusagen an meiner geistigen Eingangstür. Ich sehe meine Geschichten immer ganz bildlich wie einen Film vor mir ablaufen, und dann schreibe ich quasi nur das ab, was ich sehe. Es war mir von Anfang an klar, dass Ellie als die Ältere die Geschichte erzählt und auch dass es in der Ich-Perspektive geschrieben sein musste: Die Leserinnen und Leser sollten sich wie Ellie fühlen, Ellie mit sich selbst austauschen können.

Normalerweise versuche ich gerade am Anfang, die Geschichten nicht so durchzuplanen, ich sehe sie mir ja an, wie gesagt. Zwei Sachen sind mir aber wichtig: 1. Dass es Geschichten für alle sind, Mädchen und Jungen. 2. Ich möchte Kinderbücher schreiben, die Jungs trotzdem verschlingen, obwohl ein Mädchen die Heldin ist. Ich denke, bei »Ellie & Oleg« kommt auch Oleg als Junge ganz gut weg :-).

Gibt es eine Figur, die Ihnen besonders am Herzen liegt?

Ich mag Ellie und Oleg beide sehr, kann ich gar nicht sagen ...

Haben sich Figuren im Laufe des Schreibens verändert oder hatten Sie von Beginn eine genaue Vorstellung von ihnen?

Ich hatte von Beginn an eine genaue Vorstellung von beiden.

Welche ist Ihre Lieblingsszene?

Ich habe mehrere, z. B. die Nacht in der Prärie im Schilf, wo sie sich das Hustenbonbon teilen müssen, und die »Brustimplantat«-Szene in Trautis Küche, wo sie total durchdrehen und sich mit Vanilleeis beschmieren. Das ist vor allem die Lieblingsszene meiner kleineren Tochter, und die lese ich bei jeder Lesung immer zum Schluss vor. Kommt bei den Kindern immer gut an :-).

Wie lange haben Sie gebraucht, um das Buch zu schreiben?

Ich hab es dann wirklich in der Pandemiezeit geschrieben, relativ schnell, vielleicht 6 Monate? Für das Manuskript. Glücklicherweise hat es auch schnell einen Verlag gefunden.

Kinder überarbeiten nicht so gern ihre Texte. Wie ist das bei Ihnen?

Ich mach das eigentlich ganz gerne. Vor allem so der erste Durchgang, wenn die Geschichte fertig aufgeschrieben ist. Dann drucke ich mir den Text aus und zücke feierlich den Rotstift. Manchmal geh ich dann dafür auch ins Café. Aber ich bin auch eher eine Perfektionistin.

Wird es eine weitere Geschichte von Ellie und Oleg geben?

Ich würde gerne eine Fortsetzung schreiben, weil ich die beiden echt liebgewonnen hab. Während des Schreibens der Geschichte fallen einem ja auch immer neue Abenteuer ein, in die man die beiden schicken könnte. Konkret geplant ist aber noch nichts.

Welche Bedeutung hat der Ausschnitt des Lieds für Sie und/oder für die Geschichte von Ellie und Oleg.

Das war einfach da, sozusagen die »Filmmusik« zu meiner Geschichte :-).

Wo leben Sie lieber, auf dem Land oder in Berlin?

Das ist schwer. Beides 50 % :-) .

Woran arbeiten Sie im Moment? Worauf dürfen sich Leserinnen und Leser freuen?

Im Herbst 2025 kommt ein neuer Kinderroman von mir bei Klett Kinderbuch heraus, der sozusagen im Freundeskreis von Ellie und Oleg spielt, aber eine völlig unabhängige Geschichte ist. Und außerdem ist letzten Herbst auch noch ein anderer neuer Kinderroman von mir für die gleiche Altersstufe bei woow books erschienen: »Innerlich bin ich aus Lakritze«. Mit einer sehr besonderen Hauptperson.

Vielen Dank, Frau Ludwig!

Interview: Dorothee Wienken, Regine Schäfer-Munro (Mai 2024)

TABELLARISCHE KAPITELÜBERSICHT

Um Kapitel schneller zu finden, bietet es sich an, sie zu nummerieren.

Seite	Kap.	Titel	Inhalt
6–7		Fahndung	Fahndungsaufruf der Polizei über die vermissten Kinder Ellie und Oleg
9–14	1	Oleg und ich	Kennenlernen der Protagonisten Ellie und Oleg und der Ausgangssituation. Es ist die Zeit der Pandemie »P«. Die Schulen sind geschlossen, es herrscht Kontaktverbot außerhalb von Familien, die Spielplätze sind gesperrt und die meisten Läden geschlossen. Die beiden Kinder sind allein in ihrem neuen Zuhause auf dem Land geblieben, weil ihre Eltern Sachen aus der alten Wohnung in der Stadt holen wollen. Man erfährt, dass Ellie und Oleg Stiefgeschwister sind. Ellies Mutter (Mommi) und Olegs Vater (Ron) haben ein gemeinsames Kind Lilac. In der Patchworkfamilie lebt noch Olegs großer Bruder Mats. Opa Kwame lebt in der Stadt und ist in Quarantäne.
15–19	2	Chillen	Einblick in Ellies Gedanken. Sie trauert der Zeit hinterher, als sie mit ihrer Mutter allein gelebt hat. Ellie stellt fest, dass das Handy, mit dem sie ihre Mutter im Notfall erreichen könnte, nicht auffindbar ist.
21–28	3	Katze ohne Festnetzanschluss	Die Nachbarin Edeltraut, die den Kindern im Notfall helfen soll, ist nicht zu Hause. Mit einem Ersatzschlüssel gehen Ellie und Oleg in ihr Haus und suchen das Telefon.
29–32	4	Wo bleiben die denn bloß?	Als die Eltern abends nicht zurückkommen, versorgen die Kinder sich selbst.
33–41	5	Herdverbot	Um sich die Zeit zu vertreiben, räumen die Kinder auf und backen Muffins. Durch das Radio erfahren sie, dass ein Lockdown ausgerufen wurde.
43– 49	6	Die zweite Nacht allein	Die Kinder stellen fest, dass auch die Nachbarin Edeltraut nicht nach Hause zurückgekommen ist. Sie verbringen Zeit in Edeltrauts Haus und gucken dort Nachrichten. Sie schlafen vor dem Fernseher ein. Als sie nachts aufwachen, realisieren sie, dass sie immer noch allein sind. Ängstlich gehen sie im Dunkeln in ihr Haus zurück und nehmen die Katze der Nachbarin mit. Ellie beschließt am nächsten Tag, trotz Ausgangssperre ins Dorf zu gehen, um Hilfe zu holen.
51–56	7	Die Wanderung ins Dorf	Am nächsten Morgen machen sich Ellie und Oleg nach dem Frühstück auf den Weg ins Dorf. Da der Bus nicht fährt, gehen sie zu Fuß.
57–66	8	Magic Chicken	Eine Brücke führt ins Dorf. Diese ist wegen der Pandemie mit hohen Blechwänden gesperrt worden. Ellie und Oleg haben viele Ideen, wie sie den Fluss überqueren könnten, doch schließlich gehen sie zurück nach Hause – zum Ausbau 1–3. Hier angekommen ist es so still wie am Morgen. Sie entdecken fremde Fußspuren und Reifenspuren auf ihrem und auf Edeltrauts Grundstück. Um sich aufzuwärmen, nehmen die beiden ein heißes Bad und genießen eine warme Instantsuppe. Für einen Moment vergessen sie ihre Angst und Unsicherheit.
67–79	9	Inventur	Ellie und Oleg checken sowohl zu Hause als auch bei Edeltraut die Lebensmittel. Sie vermuten, dass sie noch länger allein bleiben werden. Ellie beruhigt Oleg, und Oleg hat neue Ideen, wie sie den kleinen Fluss überqueren können, um ins Dorf zu gelangen. Sie beschließen, erst einmal in die andere Richtung zu gehen, in der Hoffnung auf ein anderes Dorf oder einen Hof, doch vor allem nicht zum »Suffkopp«.
81–88	10	Wie im Wilden Westen	Die Kinder treffen auf »Suffkopp« Bill Buffalo, der mit seinem Schrotgewehr auf die beiden schießt, weil er denkt, dass sie die Polizei sind. Ellie und Oleg gehen weiter und entdecken auf einer Weide Rinder und Pferde. Sie müssen erkennen, dass sie nicht zu einem Hof gehören, sondern im Rahmen eines Naturprojekts dort grasen. Die Kinder fühlen sich wie im Wilden Westen. Sie sehen ein niedliches Kälbchen und können dem Angriff eines Bullen entgehen.

»Ellie & Oleg – außer uns ist keiner hier« im Unterricht © Beltz Verlag · Weinheim und Basel

Seite	Kap.	Titel	Inhalt
89–94	11	Nachtlager	Die Kinder verlaufen sich und müssen sich, als es dunkel wird, einen Unterschlupf suchen. Zwischen zwei Bäumen richten sie sich ein Lager aus Sägespänen und Schilfgras her. Sie löschen ihren Durst mit Wasser aus dem Graben und legen sich eng aneinandergekuschelt mit Olegs Kuscheltier als Kopfkissen zum Schlafen hin.
95–104	12	Wendeschleife	Die Nacht ist kalt und macht den Kindern Angst. Oleg lenkt sich damit ab, sein Survival Kit aufzubessern, und Ellie träumt vom Reiten in der Prärie. Am nächsten Morgen erschließen sich die beiden mit Sprüchen zu den Himmelsrichtungen, in welche Richtung sie laufen müssen. Sie entdecken beim Gehen ein Haus, es entpuppt sich als Wasserwerk. Nach kurzer Enttäuschung fassen sie wieder Mut, weil sie erkennen, dass das Wasserwerk die Endhaltestelle ihrer Buslinie ist. Sie losen, in welche Richtung sie weitergehen. Hand in Hand gehen sie weiter und gelangen zu einem großen verlassenen Hof.
105–110	13	Im Mäusenest	Hier entdecken sie einen Trabi und einen Apfelbaum. Ellie träumt zwar von Bohnen und Speck im Saloon, doch die Kinder sind überglücklich über runzelige Äpfel, weil sie schon lange nichts mehr gegessen haben. Im Trabi richten sie sich für die nächste Nacht ein.
111–116	14	Bratäpfel und Wassertee	Am nächsten Morgen finden sie im Handschuhfach des Autos unter anderem ein Feuerzeug und den Autoschlüssel und versuchen das Auto zu starten. Mit dem Feuerzeug entzünden sie ein kleines Feuer. Darin braten sie Äpfel und wärmen Regenwasser auf. Anschließend packen sie Äpfel und abgekochtes Wasser ein und machen sich wieder auf den Weg. Sie entdecken eine Bushaltestelle der Linie 603.
117–124	15	Zurück zum Ausbau	Nach zwei Tagen Wildnis kommen sie zu Hause an. Dort hat sich nichts verändert. Weder Mommi noch Ron noch Edeltraut sind zurückgekommen. Die Kinder schlafen satt und müde, bis Sissi (Edeltrauts Katze) sie am nächsten Morgen weckt. Trotz des Herdverbots kochen sie Erbsensuppe und erkennen, dass sie schon sieben Tage ohne ihre Eltern verbracht haben.
125–131	16	Kompotttag	Den 8. Tag verbringen die Kinder in Edeltrauts Haus. Sie ernähren sich von ihren Kompottvorräten und bleiben dort, weil ein großer Hund im Garten steht.
133–141	17	Averell	Am Morgen entdecken die Kinder, dass der Hund verschwunden ist: Sie packen Lebensmittel ein und wollen nach Hause gehen. Da steht der Hund vor ihnen, er beschnuppert die Kinder und folgt ihnen nach Hause. Schnell schließen sie Freundschaft mit ihm und nennen ihn Averell Dalton. Oleg entwickelt weiterhin Ideen, wie sie sich bemerkbar machen können.
143–150	18	Ausgeknockt	Ellie wird krank mit Brechdurchfall und hohem Fieber. Sie halluziniert und Oleg versorgt sie.
151–158	19	Free Spirit	Ellie erfährt, dass Oleg mit Averell zum »Suffkopp« gegangen ist und um Hilfe gebeten hat. Er tauscht mit ihm Eier gegen Bier. Ellie ist sehr stolz auf Oleg.
159–167	20	Spannungsprüfer und Gärtnermeister	Ellie wechselt eine Birne im Sicherungskasten aus, sodass das Licht und alle Geräte wieder funktionieren. Oleg liest ein Buch übers Gärtnern und bekommt Ideen zum Anbauen von Gemüse und was im Garten alles essbar ist.
169–174	21	Gartenarbeit	Ellie macht sich Gedanken über Geburtstagsüberraschungen für Oleg. Die Kinder pflanzen Kartoffeln in Lilacs Sandkasten.
175–181	22	Sandkastenschätze	Ellie findet Oleg weinend im Sandkasten mit ihrem Handy in der Hand. Nachdem sie es getrocknet und gesäubert haben, versuchen sie vergeblich, es zu laden. Die Kinder beginnen, ihre Idee umzusetzen: Sie wollen ein Survivalbuch für Kinder schreiben. Plötzlich fällt der Strom aus und sie erinnern sich daran, dass in den Nachrichten über eine Störung im Umspannwerk berichtet wurde.
183–191	23	Nachtschicht	Ellie möchte Oleg zum Geburtstag mit Muffins überraschen. Sie backt sie heimlich in Edeltrauts altem Ofen. Da es kaum noch Mehl gibt, mahlt Ellie Haferflocken in der Kaffeemühle. Als die Muffins im Ofen sind, fällt ihr auf, dass es draußen hell ist. Sie erkennt, dass es beim »Suffkopp« brennt.

Seite	Kap.	Titel	Inhalt
193–198	24	In letzter Minute	Oleg entdeckt den »Suffkopp« im brennenden Haus. Mit der Schubkarre bringen die Kinder ihn nach draußen. Er ist zu betrunken, um zu helfen. Sie hören die Feuerwehr und rennen zur Straße.
199–207	25	Mobiles Endgerät	Mit dem Diensthandy der Feuerwehr ruft Ellie ihre Mutter an. Alle sind aufgeregt und freuen sich. Doch der Feuerwehrmann unterbricht das Telefonat. Weder die Feuerwehr noch die Sanitäter kümmern sich um Ellie und Oleg.
209–216	26	Aprilscherz	Am nächsten Morgen entdecken die Kinder, dass »Suffkopps« Hühner die Erbsenpflanzen aus dem Sandkasten picken. Ellie und Oleg geraten in Streit, als plötzlich Mats mit Lilac auftaucht. Mats gratuliert Oleg zum Geburtstag. Darüber ist Ellie sehr wütend und enttäuscht. Sie wollte die erste Gratulantin sein und Oleg überraschen.
217–225	27	Familiengeburtstag	Oleg, Ellie, Mats und Lilac genießen die perfekten Muffins und skypen mit ihren Eltern. Sie singen für Oleg und erklären einander, was passiert ist. Mommi ist Corona positiv mit schwerem Verlauf. Als Ron sie ins Krankenhaus gebracht hatte, hatten sie einen Unfall und Ron hat sich mit P angesteckt. Die Polizei kommt vorbei und erklärt, dass es bald wieder Strom gibt. Ellie und Oleg erzählen Mats, warum sie nicht übers Handy erreichbar waren. Sie machen ein Lagerfeuer, um Olegs Geburtstag zu feiern.
227–228	28	Hundert Prozent	Oleg packt seine Geschenke aus. Ein Geschenk ist ein Prepaid-Handy.
229–234	29	Epilog	Chat-Verlauf auf Ellies Handy
235			Auszug aus Olegs und Ellies Survivalbuch für Kinder
236–237		Karte	

FIGURENKONSTELLATION

i.4

Mommi/Maren
- Ist oft müde und genervt
- War früher alleinerziehend und hatte eine enge Beziehung zu Ellie

Ron
- Papa von Ron und Oleg
- Mommis neuer Partner
- Hat sich für Ellie den Bart abrasiert

Ellie
- 12 Jahre alt
- Dunkelhäutig
- Krauses, dunkles Haar

Oleg
- 8 Jahre alt
- Hellhäutig und blond

Lilac
- 20 Monate alt
- Neugierig, liebt Telefone
- Trägt Windeln
- Spricht schon etwas

Opa Kwame
- Ellies Opa
- Wohnt in Berlin

Mats
- Rons Sohn und Olegs Bruder
- 17 Jahre alt, Abiturient
- Kümmert sich um Lilac, als die Eltern krank sind

Edeltraut (Trauti)
- Nachbarin
- Lebt allein
- Ältere Witwe
- Fährt ein langsames Auto
- Hat Verwandte in Polen und Eisenhüttenstadt

»Suffkopp« Bill Buffalo
- Nachbar
- Lebt allein
- Alkoholiker, verwahrlost
- Möchte keinen Kontakt
- Schießt auf Leute

Sissi
- Edeltrauts Katze
- Dick

Feuerwehr
- Einsatzleiter Özdemir

Averell
- Zugelaufener Hund
- Groß, struppig

Ellies Freundinnen
- Teresa, Ada, Olivia

WEITERFÜHRENDE LITERATURHINWEISE

Kinder sind auf sich gestellt / Robinsonaden

- Katherine Rundell: **Mitten im Dschungel.** Hamburg: Carlsen, 2019.
Mitten im Dschungel stürzt die kleine Propellermaschine ab und plötzlich sind Fred, Con, Lila und ihr kleiner Bruder Max auf sich allein gestellt. Wo sollen sie einen Unterschlupf und etwas zu essen finden? Und wie kommen sie aus diesem Urwald überhaupt wieder heraus? Immerhin ist ein Fluss in der Nähe und wilde Früchte, und Fred hat genug Abenteuerbücher gelesen, um ein Floß zu bauen. Aber ob das zum Überleben in der Wildnis reicht?

- Gordon Korman: **The Fort. Das Geheimnis eines Sommers.** Weinheim/Basel: Beltz, 2024.
Nach einem Hurricane ist nicht nur die kleine Stadt Canaan verwüstet. Der Sturm legt auch etwas frei, das den Sommer der Freunde Evan, Jason, Mitchell, C.J. und Ricky für immer verändern wird: Inmitten des Waldes finden sie einen Bunker. Er wird ihr Fort, ihr Rückzugsort. Hier teilen sie ihre Geheimnisse. Besonders C.J. sucht hier Schutz vor seinem gewalttätigen Stiefvater. Als Evans großer Bruder und sein gewaltbereiter Kumpel das Fort erobern wollen, wird aus einem Zufluchtsort für Spaß und Zusammenhalt ein Zufluchtsort zum Überleben.

- Gerry Greer / Bob Ruddick: **Die Insel ist zu klein für uns vier.** Weinheim/Basel: Beltz, 2006.
Scott und Pete haben einen großartigen Plan. Ganz allein und auf sich selbst gestellt wollen sie eine Woche auf der Schildkröteninsel zelten. Die ist unbewohnt, und das ist gut so, denn dann sieht niemand ihr grässliches, total lächerliches Zelt. Doch es läuft nicht nach Plan. Schlimm genug, dass sie schon bei ihrer Ankunft das Kanu kentern lassen. Aber dass sie dabei auch noch von zwei Mädchen beobachtet und sogar fotografiert werden, das ist dann doch zu viel. Ein unbeschwerter, vergnüglicher Lesespaß, geschrieben mit viel Witz und Tempo!

- Mareike Krügel: **Zelten mit Meerschwein.** Weinheim/Basel: Beltz, 2019.
Als Antons Vater den geplanten Sommerurlaub absagt, schlagen Anton und seine Mutter kurzerhand ihr Zelt mitten im Wald auf. Meerschweinchen Pünktchen darf dabei natürlich nicht fehlen. Im Wald ist es viel spannender als auf dem Campingplatz. Hier gibt es auch keine Kinder, die sich über Anton lustig machen. Die Tage vergehen wie im Flug – bis plötzlich die rotzfreche Liane auftaucht. Erst als Pünktchen und dann auch noch seine Mama verschwindet, ist Anton ziemlich froh, dass er auf Liane zählen kann.

- Judith Kleinschmidt: **Sofabanditen oder die verrückte Befreiung der Hühner.** Weinheim/Basel: Beltz, 2021.
Ada sitzt wütend im Umzugswagen und wartet auf ihre Eltern, als plötzlich ein Schaf auf den Fahrersitz springt. Lilli, das Schaf mit Nasenring und Leopardenmuster, kapert den Transporter nebst Ada, um die Hühner aus der Hühnerfabrik zu befreien. Free chicken! Für Ada und das tollkühne Schaf beginnt eine wilde und verrückte Fahrt ins Abenteuer. Dabei ist das Glück stets auf ihrer Seite. Auch als Ada unterwegs auf den Jungen Pepper stößt, der in einer alten Sternwarte lebt. Eine wunderbare, rasant-komisch erzählte Geschichte mit vielen witzigen Bildern.

Pandemie

- Anna Maria Praßler: **Hinterhoftage: Wie ich Hannibal verlor, einen Freund gewann und der Sauerteig das alles nicht überlebte.** Leipzig: Klett Kinderbuch, 2021.
Mayas Kaninchen Hannibal ist weg! Das Problem: Draußen steht das Leben still und alle sollen zu Hause bleiben. Wie, bitte sehr, soll man da ein Kaninchen wiederfinden? Und was soll Maya davon halten, dass ihr ausgerechnet der viel zu coole Niko aus dem Hinterhaus bei der Suche helfen will?

- Hanna Alkaf: **Trau niemals einem Tiger.** München: Karibu, 2023.
Hamra, 13 Jahre alt, erfährt, wie schnell sich das Leben verändert: Ihre Großmutter ist krank und die Pandemie schränkt die Familie ein. Als sie jedoch den malaysischen Urwald, der an ihr Zuhause grenzt, betritt und sich so allen Verboten widersetzt, verändert sich auch ihr Leben. Der Roman entführt uns in den Urwald und erzählt von einem Mädchen, das nicht nur einem Tiger hilft, sondern auch über das Menschsein nachdenkt. Dabei spielt der Text geschickt mit zeitgenössischen Elementen und malaysischen Legenden. Spannend, fantasiereich und ungewöhnlich!

»Ellie & Oleg – außer uns ist keiner hier« im Unterricht © Beltz Verlag · Weinheim und Basel

Lesezeichen und Zeilometer

Katja Ludwig

ELLIE & OLEG

außer uns ist keiner hier

GULLIVER

Dieses Zeilometer wird dein Lesezeichen sein. Es hilft dir, einzelne Textstellen zu finden. Lege dazu einfach das Zeilometer an den oberen Buchrand – die Zeilen zeigen dir dann die Zeilennummer an. Du kannst das Zeilometer auch individuell gestalten.

»Ellie & Oleg – außer uns ist keiner hier« im Unterricht © Beltz Verlag · Weinheim und Basel

»Wer hat Ellie und Oleg seit dem 20.3.2022 gesehen?«

Die Pandemie geht um und Ellie und ihr Bruder Oleg sind allein zuhause …

1. Sieh dir den Umschlag des Buchs und den Klappentext an. Was vermutest du: Worum wird es in dem Buch gehen? Schreibe in dein Heft oder Lesetagebuch.

2. Im ersten Kapitel lernen wir Ellies und Olegs Familie kennen.

Erstelle in deinem Heft oder Lesetagebuch einen Stammbaum und schreibe die Namen der Familienmitglieder hinein.

Notiere zu jedem Namen mindestens drei Stichpunkte.

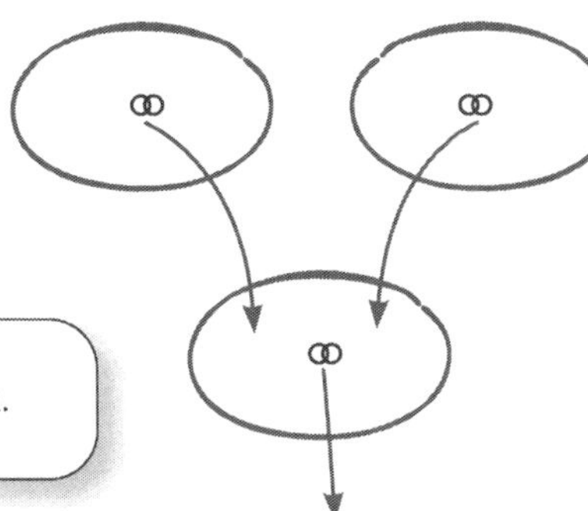

Tipp: Ein Stammbaum stellt Familienverhältnisse dar. Suche im Internet nach Beispielen.

3. * **Profiaufgabe:** Erstelle einen Stammbaum von deiner Familie.

4. Ellie und Oleg werden gesucht. In der Fahndungsmeldung der Polizei sind sie genau beschrieben.

a) Erstelle eine genaue Beschreibung von dir in deinem Heft oder Lesetagebuch.

b) Tauscht eure Hefte. Lest eure Personenbeschreibungen in der Klasse vor und ratet, wer es ist.

Tipp: Beschreibe diese Details:
- Gestalt – Körperstatur, Größe, Hautfarbe
- Haare – Haarfarbe, Haarlänge, Haarstruktur, Frisur
- Kopf/Gesicht – Kopfform
- Augen – Augenform, Augenfarbe, Augenbrauen
- Nase, Ohren, Mund – falls es Besonderheiten gibt
- Kleidung, Brille

5. Ellie beschreibt ihre Mutter und erinnert sich daran, wie es früher mit ihr war. Trage die Unterschiede in die Tabelle ein.

So war es mit Mommi früher	So ist Mommi jetzt

6. Vor Mommis Abfahrt gibt sie Ellie und Oleg Anweisungen.

Beantworte die Fragen in deinem Heft oder Lesetagebuch.

a) Was sollen sie tun oder nicht tun?

b) Gibt es bei dir zuhause Regeln, an die du dich halten sollst, wenn du allein bist?

»Ellie & Oleg – außer uns ist keiner hier« im Unterricht © Beltz Verlag · Weinheim und Basel

»Und da sitzen wir nun«

Das Auto der Nachbarin ist weg und ihre Katze Sissi guckt die Kinder vorwurfsvoll an …

1. Im Kapitel »Katze ohne Festnetzanschluss« erfährst du, wo Ellie und Oleg leben. Zeichne einen Plan von ihrer Siedlung »Ausbau 1–3« nach der Beschreibung in dein Heft oder auf ein Blatt Papier.

Auf der letzten Seite des Buchs findest du einen Plan von der Umgebung. Er kann dir helfen.

2. Obwohl Edeltraut nicht zuhause ist, erfahren wir einiges über sie. Zeichne die Nachbarin, wie du sie dir vorstellst, in dein Heft oder Lesetagebuch. Schreibe die Informationen in Stichpunkten neben ihr Bild.

3. Am Abend des zweiten Tages wird es den Kindern langweilig.

a) Was tun sie, um sich die Zeit zu vertreiben?

____

____

b) Kennst du die Spiele? Wenn nicht, recherchiere im Internet, wie man sie spielt. Spielt eine Runde in der Gruppe.

c) Was tust du, wenn es dir langweilig ist? Schreibe in dein Heft oder Lesetagebuch

4. Oleg liebt Lucky-Luke-Comics. Recherchiere im Internet und/oder in der Bibliothek nach Lucky-Luke-Heften.

Wer ist Lucky Luke? ______________________________

5. * **Profiaufgabe:** Gestalte ein Plakat oder eine Präsentation zu Lucky Luke.

Beantworte die Fragen:
- Wann spielt die Comic-Serie?
- Wo spielt sie?
- Wer sind die Hauptfiguren?

6. Als es dunkel wird, bekommen die Kinder Angst. Suche mindestens drei Textstellen, die das zeigen (S. 43–49). Schreibe sie ab und notiere in deinem Heft oder Lesetagebuch, wo du sie gefunden hast (Seite und Zeile).

7. Warst du schon einmal abends allein? Was hast du getan, um dich sicherer zu fühlen? Schreibe in dein Heft oder Lesetagebuch. Tauscht eure Erlebnisse in der Kleingruppe aus.

8. * **Profiaufgabe:** Den Ort Junow gibt es nicht wirklich. Aber die Gegend, in der die Geschichte spielt, ist nicht erfunden. Versuche herauszufinden, wo sie etwa liegt. Der Text gibt dir ein paar Tipps (S. 6, 24, 29, 33).

»Ellie & Oleg – außer uns ist keiner hier« im Unterricht © Beltz Verlag · Weinheim und Basel

Warum kommt kein Bus?

1. Die Kinder wollen ins Dorf gehen. Was möchten sie dort tun? Schreibe in dein Heft oder Lesetagebuch.

2. Wie bereiten sich die Kinder auf den Ausflug vor?

Das tun sie	Grund

3. Bei der Bushaltestelle ist ein Wartehäuschen.

a) Gibt es in eurer Gegend Wartehäuschen? Macht Fotos davon und bringt sie mit. Ihr könnt auch im Internet Bilder suchen.

b) Zeichne in dein Heft oder Lesetagebuch, wie du dir das Wartehäuschen vorstellst, das Ellie beschreibt.

c) Die Kinder stellen sich vor, das Häuschen einzurichten. Zeichne in dein Heft oder Lesetagebuch, wie es aussehen könnte.

4. Schau dir auf dem Plan am Ende des Buchs an, welchen Weg die Kinder zurückgelegt haben.

5. Als die Kinder wieder bei ihrem Haus ankommen, bemerken sie, dass jemand da war.

a) Woran erkennen sie das?

____

b) Wer könnte gekommen sein? ____________________________

c) Stell dir vor, diese Person wäre noch da, als die Kinder zurückkommen. Schreibe in deinem Heft oder Lesetagebuch die Geschichte weiter.

6. * **Profiaufgabe:** In der Zeit der Corona-Pandemie gab es viele Regeln, um zu verhindern, dass sich die Krankheit ausbreitet. Finde heraus, welche Maßnahmen es gab, und gestalte ein Plakat dazu.

Wenn du dich nicht an diese Zeit erinnern kannst, kannst du Erwachsene befragen oder im Internet recherchieren. Einiges wird auch im Kapitel »Magic Chicken« erwähnt.

»Ellie & Oleg – außer uns ist keiner hier« im Unterricht © Beltz Verlag · Weinheim und Basel

»Oleg und ich müssen das hier hinkriegen«

1.

a) Lies die Fragen und kreuze die richtige Antwort an. Finde das Lösungswort.

b) Schreibe auf, wo du die Antwort gefunden hast. Benutze dein Zeilometer.

1. Was würde Ellie nach der zweiten Nacht allein zu Hause am liebsten tun? Sie würde gern …
   a) mit Lilacs Eisprinzessinnenschaum duschen. AR
   b) einfach liegen bleiben. LE
   c) mit Sissi kuscheln. CO — Seite ____, Zeile ____
2. Was denken Oleg und Ellie in Bezug auf ihre Eltern?
   a) Die Eltern vermissen die Kinder nicht. RO
   b) Die Eltern kommen morgen wieder. SE
   c) Die Eltern glauben, Edeltraut kümmert sich um die Kinder. BE — Seite ____, Zeile ____
3. Warum wollen die Kinder Brot backen?
   a) Es gibt kein Toastbrot mehr. NS
   b) Sie mögen Lilacs Reiswaffelreste nicht. NA
   c) Ellie kann keine Muffins backen. ND — Seite ____, Zeile ____
4. Welche unverständlichen Nachrichten hören die Kinder im Radio?
   a) Es gibt mögliche lokale Netzstörungen. MI
   b) Abgelegene Gebiete werden beliefert. PA
   c) Abgeriegelte Dörfer sollen per Bahn notversorgt werden. IG — Seite ____, Zeile ____
5. Die Kinder finden bei Edeltraut viele Nahrungsmittel.
   Was würde Oleg lieber essen als Hunde- und Katzenfutter?
   a) Kastanien und Gras N
   b) Blumen und Blätter SCH
   c) Gras und Blätter T — Seite ____, Zeile ____
6. In Edeltrauts Küche finden die Kinder leckere Sachen:
   a) Kartoffelsalat und Vanilleeis TE
   b) Kartoffelsalat und Schokoeis DE
   c) Kartoffelsalat und Erdbeereis UL — Seite ____, Zeile ____
7. Oleg und Ellie wollen einen Spaziergang machen, um …
   a) sich die Beine zu vertreten. MI
   b) ein Dorf zu finden, das nicht in Quarantäne ist. L
   c) zu gucken, ob der »Suffkopp« immer noch auf sie schießt. D — Seite ____, Zeile ____

Lösungswort: ___ ___ ___ ___ ___ ___ ___ ___ ___ ___ ___ ___
1 2 3 4 5 6 7 8 9 10 11 12

2.

Schau nach, was ihr zu Hause an Vorräten habt.

Schreibe eine Liste in dein Heft oder dein Lesetagebuch.
Unterteile wie die Kinder:

- Was wir nicht unbedingt essen oder trinken sollen
- Hält sich
- Muss schnell weg
- Für besondere Gelegenheiten

»Ellie & Oleg – außer uns ist keiner hier« im Unterricht © Beltz Verlag · Weinheim und Basel

»Wie im Wilden Westen«

1. Zeichne einen Comic von der Szene (S. 81–83) bei Bill Buffalo, aka der »Suffkopp«.

Tipp

So kannst du bei der Gestaltung deines Comics vorgehen:

a) Überlege, wie viele Bilder du brauchst. Lege ein »Storyboard« an, also eine Tabelle, in der du dir Notizen machst. Hier können schon Ideen für Sprech- oder Gedankenblasen oder auch für Texte unter dem Bild stehen.

b) Die einzelnen Bilder des Comics zeichnest du am besten auf DIN-A5-Blätter. Wenn es am Schluss nötig ist, kannst du die einzelnen Bildseiten noch verkleinern.

c) Die fertigen Bilder klebst du in der richtigen Reihenfolge auf ein Plakat oder fotokopierst sie und machst daraus ein kleines Heft.

2. Die Kinder fühlen sich wie im Wilden Westen.

a) Wo und was ist der Wilde Westen? Recherchiere und schreibe in dein Heft oder Lesetagebuch.

b) Finde Wörter, die zu diesem Thema gehören. Schreibe daneben, was sie bedeuten.

Wild-West-Wortschatz	Bedeutung
Prärie	

3. Oleg hat ein »Survivalkit«. Ellie findet es ziemlich nutzlos.

a) Finde die Stelle, wo sie es beschreibt. S. ____ Z. ____.

b) Was gehört in ein Survivalkit? Schreibe eine Liste in dein Heft oder Lesetagebuch.

4. Die Kinder entdecken in der Ferne ein Schild. Ergänze die Aufschrift.

______________sprojekt

______________ und Rückzüchtung von ______________ (Ur-Rindern) und

westlichen Wildpferden (______________) zur Erhaltung

der flussnahen ______________landschaft

»Ellie & Oleg – außer uns ist keiner hier« im Unterricht © Beltz Verlag · Weinheim und Basel

»Ich fühle mich völlig verloren«

1. Spielt das Kapitel »Nachtlager« mit verteilten Rollen.

   a) Lest zuerst den Text und markiert mit unterschiedlichen Farben, was Ellie und was Oleg sagt.

   b) Überlegt, wie sie sprechen (traurig, wütend, froh, müde ...).

   c) Überlegt dann, wie ihr spielen könnt, was sie tun, und schreibt Regieanweisungen an den Text.

2. Die Kinder listen auf, was sie in ein Survivalkit packen würden. Notiere die Gegenstände und ihren Zweck. Entscheide, ob du sie nützlich findest.

Gegenstand	Zweck	nützlich	unnütz
Kompass		○	○
		○	○
		○	○
		○	○
		○	○
		○	○
		○	○
		○	○
		○	○
		○	○

3. Am nächsten Tag versuchen Ellie und Oleg, den Heimweg zu finden. Schreibe in dein Heft oder Lesetagebuch, wie sie versuchen, sich zu orientieren.

4. Ellie und Oleg müssen noch eine Nacht draußen verbringen. Beschreibe, wo sie schlafen. Schreibe in dein Heft oder Lesetagebuch.

5. Schreibe alle Dinge in deinem Heft oder Lesetagebuch auf, die sie auf dem alten Hof finden.

6. * **Profiaufgabe:** Was ist ein Trabi? Recherchiere im Internet und gestalte ein Plakat dazu.

»Ellie & Oleg – außer uns ist keiner hier« im Unterricht © Beltz Verlag · Weinheim und Basel

»Erbsensuppe nach Schnauze«

1. Richtig oder falsch? Lies das Kapitel »Zurück im Ausbau« und kreuze passend an. Schreibe auf, auf welcher Seite du die Information jeweils gefunden hast.

		richtig	falsch	Seite
1	Ellie und Oleg kommen nach vier Tagen wieder zu Hause an.			
2	Ellie zaubert einen Kakao aus Resten im Nutellaglas, Wasser und Kondensmilch.			
3	Ron ist auch zu Hause.			
4	Zum Abendessen gibt es Erbsensuppe.			
5	Die Kinder schlafen sofort ein.			
6	Am nächsten Morgen gibt es für alle Brekkies zum Frühstück.			
7	Ellie und Oleg versuchen, Erbsensuppe zu kochen.			
8	Oleg hat sieben Striche in den Küchenboden geritzt. Für jeden Tag, den sie allein sind, einen.			

2. Lies S. 119 bis 131. Untersuche, welche Gefühle die Kinder am Tag nach ihrer Heimkehr durchleben. Teile den Text in Abschnitte ein und ordne ihnen Adjektive zu. Schreibe so in dein Heft:

Textstelle	Inhalt	Gefühl
S. 119	Die Kinder wachen auf und frühstücken.	zufrieden
	Sie überlegen, ob die Polizei da war.	

So können sie sich fühlen:
ängstlich • fröhlich • überdreht • lustig • wütend • beunruhigt • ausgelassen …

3. Ein Hund gesellt sich zu den Kindern. Wie nennen sie ihn und warum gerade so? Schreibe in dein Heft oder Lesetagebuch.

4. * **Profiaufgabe:** Im Kapitel »Averell« werden viele Gedanken von Ellie wiedergegeben. Was könnte Oleg denken? Schreibe seine Gedanken in deinem Heft oder Lesetagebuch auf.

»Ellie & Oleg – außer uns ist keiner hier« im Unterricht © Beltz Verlag · Weinheim und Basel

»Ich glaub, ich hab Fieber«

1. Beantworte die Fragen jeweils in einem vollständigen Satz in deinem Heft oder Lesetagebuch:

a) Wie fühlt sich Ellie?

b) Was glaubt Ellie zu essen und zu trinken, während sie krank ist?

c) Wer ist das borstige Monster mit Mundgeruch, das Ellie anguckt?

d) Wie oft ist Ellie nach Olegs Aussage nachts auf die Toilette gegangen?

e) Woher hat Oleg die Eier?

f) Ellie glaubt nicht, dass sie das P hatte, sondern …?

g) Warum hat Oleg bei Ellie Wadenwickel gemacht?

2. Bisher musste Ellie die Starke sein und viele Aufgaben übernehmen. Welche Aufgaben hat Oleg in der Zeit ihrer Krankheit übernommen? Was hat er nicht geschafft? Schreibe in die Tabelle.

Das hat Oleg geschafft	Das hat Oleg nicht geschafft

3. Eddies Arm ist verkohlt. Lies auf S. 149 nach, was Oleg darüber erzählt. Hast du eine Idee, was wirklich passiert ist? Schreibe in dein Heft oder Lesetagebuch.

4. Hast du schon einmal eine Situation erlebt, in der du stark sein und neue Dinge machen musstest? Schreibe in dein Heft oder Lesetagebuch oder erzähle einem Partner oder einer Partnerin davon.

5. * **Profiaufgabe:** Erzähle die Zeit von Ellies Krankheit aus Olegs Sicht in der Ich-Form. Schreibe dabei auch, wie er sich fühlt und was er denkt. Schreibe in dein Heft oder Lesetagebuch.

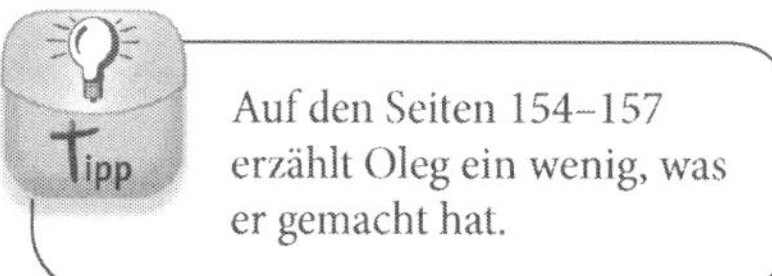

6. * **Profiaufgabe:** Recherchiere, was die Symptome einer Infektion mit dem Corona-Virus sind.

»Ellie & Oleg – außer uns ist keiner hier« im Unterricht © Beltz Verlag · Weinheim und Basel

»Mein Handy«

Ellie findet Olegs Geburtstagsgeschenke und Oleg macht auch eine Entdeckung …

1. Lies und kreuze passend an.

Um die Sicherung wieder zu reparieren, brauchen die Kinder ...

☐ eine neue Sicherung. ☐ einen Schraubenzieher. ☐ einen Spannungsmesser.

Oleg ist stinksauer auf Ellie und ...

☐ er fühlt sich klein und doof. ☐ er fühlt sich klein und allein. ☐ er fühlt sich groß.

Ellie findet, als sie das Bett der Eltern frisch beziehen möchte, ...

☐ ihr verlorenes Handy. ☐ Süßigkeiten. ☐ Olegs Geburtstagsgeschenke.

Oleg liest in dem Gartenbuch, deshalb essen die Kinder tatsächlich ...

☐ viele Blumen. ☐ Brennnesseln. ☐ rohe Kartoffeln.

Bei der Gartenarbeit findet Oleg ...

☐ viele Kastanien. ☐ eine Sandschlange. ☐ Ellies Handy.

2. Stell dir vor, das Handy würde funktionieren. Wie würde die Geschichte dann weitergehen? Schreibe eine Fortsetzung in dein Heft oder Lesetagebuch.

3. Ellie und Oleg haben schon wieder eine neue Aufgabe.

a) Was passiert in der zweiten Hälfte des Kapitels »Sandkastenschätze«?

____

____

b) Wie gehen die Kinder mit der neuen Herausforderung um?

____

____

4. * **Profiaufgabe:** Was ist ein Umspannwerk? Schreibe oder zeichne in dein Heft oder Lesetagebuch, wie Strom in die Häuser kommt. Wenn du es nicht genau weißt, kannst du in Sachbüchern oder im Internet recherchieren.

5. * **Profiaufgabe:** Ellie und Oleg wollen ein Survivalbuch für Kinder schreiben.

a) Sammelt Ideen für euer Klassen-Survivalbuch.

b) Schreibe einen Artikel für das Buch.

»Ellie & Oleg – außer uns ist keiner hier« im Unterricht © Beltz Verlag · Weinheim und Basel

»Es brennt!«

1. Ellie will als Überraschung für Olegs Geburtstag nachts Muffins backen. Not macht erfinderisch. Schreibe auf, welche Probleme es dabei gibt und wie Ellie sie löst.

Problem	Lösung

2. Ellie und Oleg retten den »Suffkopp« aus seinem brennenden Haus. Erstellt zu der Szene ein Hörspiel. Außer den drei Personen Ellie, Oleg und Bill Buffalo braucht ihr auch Geräusche. Überlegt, was man hören kann und wie ihr die Geräusche erzeugen könnt.

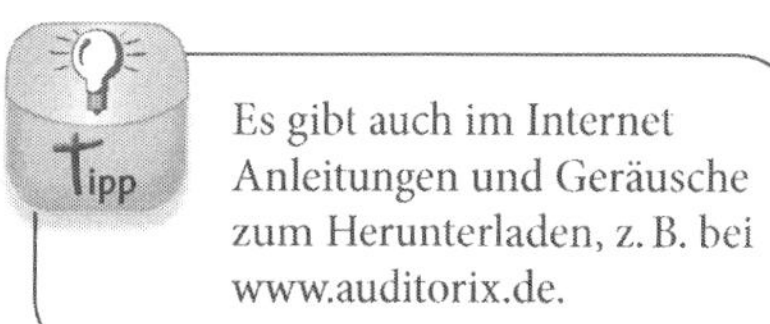

Tipp: Es gibt auch im Internet Anleitungen und Geräusche zum Herunterladen, z. B. bei www.auditorix.de.

3. * **Profiaufgabe:** Malt Bilder zu der Szene.

4. Lest das Kapitel »Mobiles Endgerät« mit verteilten Rollen.

5. Die Kinder haben endlich Gelegenheit, mit ihren Eltern zu telefonieren. Schreibe drei Dinge auf, die Ellie ihnen mitteilt.

____

____

____

6. Am nächsten Tag steht ein Bericht über den Brand in der Zeitung. Schreibe den Zeitungsbericht in dein Heft oder Lesetagebuch.

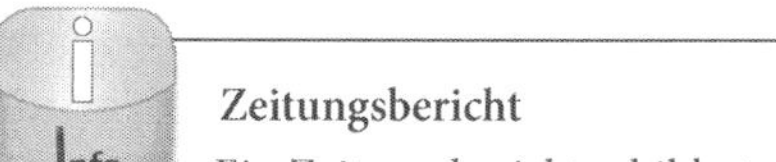

Info

Zeitungsbericht

Ein Zeitungsbericht schildert sachlich ein Ereignis im Präteritum. Er besteht aus:

- Überschrift (Schlagzeile) – weckt Interesse der Leserinnen und Leser
- Einleitung – beschreibt kurz: Wer? Wann? Wo? Was ist geschehen?
- Hauptteil – beschreibt der Reihe nach, was passiert
- Schluss – nennt die Folgen des Geschehens

7. * **Profiaufgabe:** Versetze dich in eine der Personen (Ellie, Oleg oder den Feuerwehrmann) und schreibe aus ihrer Sicht einen Tagebucheintrag. Schreibe in dein Heft oder Lesetagebuch, was in der Nacht passiert ist.

»Ellie & Oleg – außer uns ist keiner hier« im Unterricht © Beltz Verlag · Weinheim und Basel

»Ellieee? Oleg? Seid ihr da?«

Am nächsten Morgen bekommen die Kinder unerwarteten und lang ersehnten Besuch …

1. Jetzt haben die Kinder auch noch Hühner. Schnell überlegen sie, wie sie sie versorgen können. Schreibe auf, womit sie sie füttern.

____

2. Obwohl Ellie sich über Mats Ankunft freuen sollte, wird sie zuerst wütend. Sprich mit einem Partner oder einer Partnerin darüber.

a) Erkläre, warum sie ärgerlich ist.

b) Kannst du verstehen, warum sie sich so verhält?

3. a) Suche mindestens drei Textstellen aus anderen Kapiteln, in denen Ellie über die kleine Schwester Lilac spricht.

____

____

____

b) Was sagt Ellie jetzt über ihr Wiedersehen mit Lilac? Schreibe die Textstelle ab.

____

____

____

4. Überlege dir zu diesem Kapitel fünf bis zehn Fragen, die eine Mitschülerin oder ein Mitschüler beantworten muss. Schreibe in dein Heft oder Lesetagebuch. Stellt euch anschließend die Fragen. Notiere auch die Antworten.

Methode

Rundgang

Teilt die Klasse in zwei Gruppen. Eine Gruppe bleibt auf ihren Plätzen sitzen. Jedes Kind der anderen Gruppe geht zu einem sitzenden Kind und beantwortet dort eine Frage. Anschließend geht es zu einem weiteren Kind und beantwortet dort eine neue Frage, usw. Legt zu Beginn fest, wie viele Fragen mindestens beantwortet werden müssen.

5. Arbeitet zu zweit. Schlagt eine Seite aus dem Kapitel auf.
Sage stumm das Abc auf. Der oder die andere sagt »Stopp!«.
Sucht nun auf der Seite alle Wörter zu dem Buchstaben, bei dem du gerade im Alphabet angekommen warst. Schreibt sie als Liste fehlerfrei in eure Hefte oder Lesetagebücher.

6. * **Profiaufgabe:** Erzähle die Szene des Wiedersehens aus der Sicht von Mats. Schreibe in dein Heft oder Lesetagebuch.

»Ellie & Oleg – außer uns ist keiner hier« im Unterricht © Beltz Verlag · Weinheim und Basel

»Wir waren doch hier, Mommi«

1. Lies die folgenden Sätze genau. Nummeriere sie so, dass sie den Inhalt der letzten beiden Kapitel logisch und sinnvoll wiedergeben.

- ☐ Sie machen ein Lagerfeuer.
- ☐ Oleg liebt die Muffins, die Ellie für ihn gebacken hat.
- ☐ Ron wurde auf dem Weg ins Krankenhaus bei einem Autounfall verletzt.
- ☐ Die Kinder erfahren, dass Mommi wegen P im Krankenhaus liegt.
- ☐ Mats hat köstliches Essen mitgebracht.
- ☐ Ellie und Oleg sitzen am Tisch und Ellie zündet eine Kerze an.
- ☐ Den Geschwistern wird bewusst, dass sie immer ein funktionierendes Handy hatten.
- ☐ Im zweiten Geschenk findet er ein Spiel.
- ☐ Oleg packt die Geschenke aus. Im ersten Paket ist eine Erweiterung des Survivalkits.
- ☐ Im dritten Geschenk erblickt Oleg ein Handy mit einer Prepaid-Karte.
- ☐ Mommi und Ron singen Oleg ein Geburtstagslied.

2. Wie feiert ihr in der Familie Geburtstag? Schreibe in dein Heft oder Lesetagebuch.

3. Lies das Kapitel »Familiengeburtstag« noch einmal. Wähle dann eine Szene daraus aus und male sie auf ein Blatt Papier. Schreibe dazu, um welche Szene es sich handelt. Du kannst auch mehrere Bilder malen.

4. Ellie und Oleg erfahren, was ihre Eltern und Mats in den letzten zehn Tagen erlebt haben. Schreibe es in die Tabelle.

Mommi	Ron	Mats

5. * **Profiaufgabe:** Mats zeigt Ellie auf S. 223 sein Handy, damit sie die Nachrichten der letzten Tage lesen kann. Wie könnten die Nachrichten lauten? Schreibe in dein Heft oder Lesetagebuch.

»Ellie & Oleg – außer uns ist keiner hier« im Unterricht © Beltz Verlag · Weinheim und Basel

Feedback-Bogen

Deine Meinung ist gefragt – beantworte die Fragen.

1. Wie hat dir das Buch gefallen?
Bewerte das Buch auf einer Skala von 1 bis 5 Sternen. Begründe deine Entscheidung.

☆☆☆☆☆ (super)

☆☆☆☆ (gut)

☆☆☆ (okay)

☆☆ (nicht so toll)

☆ (gar nicht)

____

____

2. Wer war deine Lieblingsfigur? Kreuze an und begründe deine Auswahl.

☐ Ellie ☐ Oleg ☐ eine andere Figur

____

____

3. Welche ist deine Lieblingsstelle im Buch? Begründe.

____

____

4. Gab es etwas, das du nicht verstanden hast? Schreibe es auf.

☐ Nein ☐ Ja ____________________________

5. Zeichne eine Szene aus dem Buch auf die Rückseite des Blattes.

6. Würdest du das Buch deinen Freunden oder Freundinnen empfehlen? Begründe.

☐ Ja ☐ Nein

____

____

»Ellie & Oleg – außer uns ist keiner hier« im Unterricht © Beltz Verlag · Weinheim und Basel

Lösungen und Lösungsvorschläge

5. Früher: hat Ellie Frisuren gemacht, mit ihr lesen geübt, auf dem Sofa gekuschelt, im Bus gefrühstückt
   Jetzt: ist müde, empfindlich, meckert viel
6. a) nicht mit Feuer rumspielen, Schulaufgaben erledigen, nicht allein den Herd anmachen, Oleg soll auch nicht allein den heißen Wasserkocher in die Hand nehmen, notfalls zu Edeltraut rübergehen, Stullen schmieren oder Müsli essen

3. a) Kartenspiele spielen: Mau-Mau, Schwimmen
4. Lucky Luke ist ein Cowboy in einem Comic. Er jagt Verbrecher und hilft den Armen.
6. »Ich hab Angst, Ellie«, flüstert Oleg und klammert sich an mich. Ich hab auch Angst. (S. 45, Z. 13–15)
   Selbst der kürzeste Weg ist endlos, wenn man eine fette Katze auf dem Arm und einen kleinen Bruder am Bein hat, der mit zitternden Händen die Taschenlampe hält. (S. 46, Z. 1–3)
   ... wundere mich selbst über die schrille Stimme, die aus meinem Mund kommt. Ich zerre Oleg einfach hinter mit her ... (S. 46, Z. 12–14)
   Dann machen wir in allen Zimmern Licht an. ... kontrollieren wir nochmal die verschlossene Haustür und ziehen die Gardinen vor den Fenstern zu. (S. 47, Z. 6–7)
   Das eigene Spiegelbild vor der Dunkelheit da draußen ist echt gruselig. (S. 47, Z. 8–9)
   Bei unserem Rundgang durchs Haus sind wir nach und nach beide wie von selbst verstummt. (S. 47, Z. 13–14)
   In der nächtlichen Einsamkeit kommt einem die eigene Stimme selbst beim Flüstern viel zu laut vor. (S. 47, Z. 14–16)
   Wenn wir laut sprechen, hören wir nicht, wo die Monster sind, denkt Oleg jetzt bestimmt. Ich auch. Obwohl ich nicht an Monster glaube. (S. 47, Z. 16–18)

1. Sie wollen einkaufen und versuchen zu telefonieren.
2. Haus aufräumen – falls die Erwachsenen wiederkommen
   Proviant einpacken – der Weg ist weit
   Klimpergeld mitnehmen – Lebensmittel kaufen
   Früh losgehen – Bus erreichen
   Uhr ummachen – wissen, wie spät es ist
5. a) Fußspuren, Reifenspuren im Kies

1. 1b) S. 67 Z. 12, 2c) S. 68 Z. 21, 3a) S. 69 Z. 9, 4a) S. 70 Z. 1, 5c) S. 76 Z. 6, 6a) S. 77 Z. 19 + 21, 7b) S. 78 Z. 5; Lösung: LEBENSMITTEL

2. a) Wilder Westen: westliche Vereinigten Staaten im 19. Jahrhundert
   b) Prärie: Landschaftsform im Mittleren Westen, mit Gras bewachsene Steppe
   First Nation: Ureinwohner Kanadas
   Indianer: Ureinwohner der Vereinigten Staaten
   Cowboy: Viehhirte in Nordamerika
   Mustang: Pferderasse
   Mohawk, Apache: Indianerstämme
3. a) S. 84–85
4. Renaturierungsprojekt, Auswilderung, Auerochsen, Koniks, Polderlandschaft

2. Kompass – zur Orientierung, Taschenmesser – zum Abschneiden und Schnitzen, Feuerzeug – zum Feuer machen, Hustenbonbon – etwas Süßes, Schokolade – etwas Leckeres, Chips – etwas zum Essen, Blasenpflaster – gegen Wasserblasen an den Füßen, Brennspiritus – zum Feuer machen, Kuscheltier – zum Trösten, Leuchtrakete – für einen Hilferuf
3. Himmelsrichtungen, Landschaft, Schritte zählen, Sonne

1. richtig – 2 S. 118, 5 S. 119, 7 S. 120 f., 8 S. 123
   falsch – 1 S. 118, 3 S. 118, 4 S. 118, 6 S. 119
2. S. 119–120: Sie überlegen, ob die Polizei da war. – traurig
   S. 120–121: Sie beschließen, etwas zu kochen. – vernünftig
   S. 122: Oleg flüstert mit Teddy. – traurig
   S. 122–123: Sie kochen weiter. – vernünftig
   S. 123: Strichliste für Tage alleine – verlegen
   S. 125: Sie machen sich bei Trauti etwas zu essen. – fröhlich
   S. 126: Sie spielen Trauti und Kurti. – lustig/ausgelassen
   S. 127: Draußen steht ein Hund. – ernst
   S. 128–131: Der Hund ist noch da, die Kinder versuchen, sich abzulenken. – ängstlich
3. siehe S. 136/137

1. a. Ellie fühlt sich schlecht. Sie muss sich übergeben und hat Durchfall. Ihr geht es auch am nächsten Morgen nicht besser. Ellie ist schwindelig. Sie fällt hin und hat eine Wunde am Kopf. Sie hat Fieber.
   b. Sie meint, dass sie Wasser und Erdbeermarmeladensaft trinkt und Vanilleeis isst.
   c. Das Monster ist Averell.
   d. Sie ist ungefähr hundertmal auf die Toilette gegangen.
   e. Oleg tauscht Alkohol gegen Eier mit dem »Suffkopp«.

»Ellie & Oleg – außer uns ist keiner hier« im Unterricht © Beltz Verlag · Weinheim und Basel

f. Sie glaubt, dass sie die Alter-Kartoffelsalat-Grippe (Lebensmittelvergiftung) hatte.
g. Oleg hat sich daran erinnert, dass Mommi Lilac nasse Handtücher um die Waden gewickelt hat. Sie hatte Scharlach und das Fieber sollte so sinken.

2. **Das hat Oleg geschafft:** Essen aus Trautis Haus geholt, Klopapiervorräte gezählt, Ellie versorgt, Alkohol beim »Suffkopp« gegen Eier getauscht, Ellie Wadenwickel gemacht
Das hat Oleg nicht geschafft: Dose Bohnen öffnen, Geschirr spülen

1. einen Spannungsmesser, er fühlt sich klein und doof, Olegs Geburtstagsgeschenke, Brennnesseln, Ellies Handy
3. a) Während die Kinder an ihrem Survivalbuch schreiben, fällt der Strom aus.
b) Taschenlampen, Kerzen und Feuerzeuge zusammen suchen, Sturmlaterne und Lampenöl hereinholen

1. Kein Strom: Sie will Trautis Kochmaschine (Holzofen) benutzen.
Kein Mehl: Sie mahlt Müsli mit der Kaffeemühle.
Kein Holz: Sie zerhackt alte Möbelstücke im Schuppen.
Kein Licht: Sie zündet Kerzen an.
5. Das Haus vom Nachbarn ist abgebrannt, unseres nicht, wir haben jetzt einen Hund! Er ist riesengroß und hat ganz borstiges Fell, aber er ist total lieb.

1. alter Babybrei mit Wasser, Walnüsse
2. a) Sie ist enttäuscht, dass nicht sie Oleg zuerst zum Geburtstag gratuliert hat. In der Aufregung über den Brand hatte sie den Geburtstag vergessen.
3. a) Weil Lilac *alles* in ihren sabberigen Mund steckt und aufisst, oder, wenn das nicht geht, zerreißt und überall in Haus und Garten verteilt. (S. 31)
Vielleicht hat dann auch Lilac mal wieder die ganze Nacht rumgequengelt ... (S. 37)
Ohne die nervige Lilac! (S. 55)
Ich bin so sauer auf Lilac, dass ich nicht sprechen kann. (S. 177)
b) Weil Oleg und ich uns so gar nicht ähnlich sehen, ist Lilac der Beweis, dass wir zusammengehören! Sie ist das fehlende Teil in unserem Familienpuzzle, weil sie meine Grübchen hat und Olegs blondes Haar.

1. Ellie und Oleg sitzen am Tisch und Ellie zündet eine Kerze an. – Oleg liebt die Muffins, die Ellie für ihn gebacken hat. – Mommi und Ron singen Oleg ein Geburtstagslied. – Die Kinder erfahren, dass Mommi wegen P im Krankenhaus liegt. – Ron wurde auf dem Weg ins Krankenhaus bei einem Autounfall verletzt. – Mats hat köstliches Essen mitgebracht. – Sie machen ein Lagerfeuer. – Oleg packt die Geschenke aus. Im ersten Paket ist eine Erweiterung des Survivalkits. – Im zweiten Geschenk findet er ein Spiel. – Im dritten Geschenk erblickt Oleg ein Handy mit einer Prepaid-Karte. – Den Geschwistern wird bewusst, dass sie immer ein funktionierendes Handy hatten.

»Ellie & Oleg – außer uns ist keiner hier« im Unterricht © Beltz Verlag · Weinheim und Basel